THÉOPHRASTE RENAUDOT

PAR

LE DR ACHILLE CHEREAU

Bibliothécaire de la Faculté de médecine de Paris
Membre de l'Académie de médecine
Chevalier de la Légion d'honneur, etc., etc.

PARIS
LOUIS LECLERC, LIBRAIRE
104, BOULEVARD SAINT-GERMAIN

1878

Théophraste RENAUDOT

PAR

LE DR ACHILLE CHEREAU

Bibliothécaire de la Faculté de médecine de Paris
Membre de l'Académie de médecine
Chevalier de la Légion d'honneur, etc., etc.

EXTRAIT
de l'Union Médicale (3e série), année 1878.

THÉOPHRASTE RENAUDOT

I

On se ferait une idée absolument fausse de l'ancienne Faculté de médecine de Paris, si l'on croyait pouvoir l'assimiler à l'École moderne. Quoique la dernière soit la fille légitime de la première, la mère ne ressemble guère à sa progéniture. En effet, née dans le xiiie siècle, de l'association spontanée de quelques maîtres jaloux de se grouper en faisceau, de s'éclairer réciproquement de leurs lumières, et de former des élèves qui pussent un jour les remplacer, l'ancienne Faculté de médecine de Paris n'a pas cessé, durant sa longue existence, de former une Compagnie, une Association, une véritable petite république ayant sa constitution, ses lois; faisant ses affaires elle-même; n'acceptant avec les pouvoirs de l'État que des liens indirects; exerçant une autorité absolue sur tout ce qui avait rapport à la santé publique; censurant les livres qui lui paraissaient renfermer des doctrines contraires aux siennes; tenant sous son joug les chirurgiens, les pharmaciens, les sages-femmes; lançant des décrets; affichant ces derniers dans les carrefours de la capitale; surveillant les enfants sortis de son sein, les soutenant dans les attaques dont ils pouvaient être l'objet, les repoussant, au contraire, sans faiblesse et sans pitié, lorsqu'ils avaient abandonné les lois de la discipline et de l'honneur.

Une fois coiffé du bonnet tant envié, et obtenu avec tant de peines et de sacrifices, le jeune docteur devenait l'enfant adoptif de la mère commune; il était admis au foyer, et constituait un nouveau bourgeon destiné à ajouter une branche à l'arbre; il avait sa part dans la distribution des honneurs et des émoluments; il avait aussi sa part dans le poids des préoccupations, des soucis, des difficultés sans nombre, des combats qui, plus d'une fois, sont venus assombrir l'existence de nos vaillants pères.

Lorsqu'on disait « les médecins de Paris », on entendait tous les docteurs qui composaient la Faculté.

Aujourd'hui, tout docteur en médecine, pourvu qu'il ait été gradué dans une Faculté de France, a le droit d'exercer l'art de guérir, aussi bien dans Paris que dans toute autre ville de la République.

Tel n'était pas le fait sous l'ancienne Faculté de médecine de Paris.

Forts des bulles papales et des diplômes royaux qu'ils avaient obtenus, nos pères se reconnaissaient seuls aptes à enseigner et à pratiquer à Paris et dans les faubourgs.

La bulle de Clément VI (année 1347) défend positivement, sous peine d'excommunication et d'anathème, à tous particuliers de pratiquer la médecine dans la ville de Paris, s'ils ne sont docteurs, ou du moins approuvés par la Faculté de médecine de cette ville; en 1423, par mandement de l'évêque de Paris, cette bulle était solennellement publiée aux prônes des messes paroissiales tous les dimanches, depuis la Saint-Rémy jusqu'à la fin de l'année. Les édits du roi Jean (1352 et 1353); les lettres de Charles VI, du 3 août 1390; celles de Henry, se disant roi d'Angleterre et de France (1423); les ordonnances de Charles VII (nov. 1437); celles de Charles IX (3 mai 1561), de Louis XIV (3 mai 1694), n'ont fait que confirmer ces prérogatives des médecins de Paris.

Et comme conséquence naturelle, les docteurs de la rue de la Bûcherie juraient, dès leur grade du baccalauréat, de ne jamais se trouver en consultations avec des médecins issus des Colléges provinciaux. La Faculté ne se départissait de cette sévérité que dans des occasions exceptionnelles et fortement motivées.

Pourtant, il y avait à Paris une classe de médecins dont plusieurs n'étaient pas de nos Écoles, et qui devaient singulièrement appeler l'attention de la Faculté : nous voulons parler des médecins attachés à la cour, personnages importants, et dont l'inimitié pouvait avoir de grandes conséquences pour les médecins de la rue de la Bûcherie. Devait-on étendre jusqu'à eux la prohibition? Cette grave question fut pour la première fois débattue dans une assemblée du 5 novembre 1504. Le résultat de cette délibération mérite d'être conservé :

« D'après d'anciens décrets, aucun membre de la Faculté de médecine de Paris ne peut pratiquer, avec quelque médecin que ce soit, sans l'approbation des maîtres régents. Mais, si cette coutume était suivie dans toute sa rigueur à l'égard des médecins royaux, ces derniers auraient peut-être sujet de s'en plaindre auprès de Sa Majesté. La Faculté est donc d'avis, *pour obéir à l'exigence du temps et aux vicissitudes des choses*, de modérer un peu ses anciens décrets. En conséquence, elle décide : 1° Les Docteurs régents pourront pratiquer à Paris avec tous les médecins royaux, avec ceux des Princes et des Grands de la Couronne, pendant tout le temps que le Roi et la Reine résideront dans la capitale ou aux environs. 2° Cependant, dans le temps même où le Roi et la Reine résideront à Paris, aucun Docteur régent ne devra pratiquer avec les autres médecins non royaux, quand bien même ces médecins seraient appelés, par aventure, par les médecins de la Cour. 3° S'il arrivait qu'un Docteur régent eût commencé à donner des soins à quelque malade en compagnie d'un ou de plusieurs médecins royaux, il pourra continuer la cure, quoique le Roi et la Reine aient quitté la ville. 4° Après le départ du Roi et de la Reine, la Faculté entend tenir la main à l'exécution de ses anciens décrets, c'est-à-dire qu'alors aucun Docteur régent ne pourra pratiquer, avec quelque médecin étranger à l'École, sous peine de parjure et d'exclusion. »

Les docteurs régents n'ont pas cessé, soit par des décrets, soit par des mémoires imprimés, de soutenir ce droit qu'ils avaient réellement, de pratiquer la médecine à Paris à l'exclusion des médecins provinciaux ou étrangers; s'ils ont laissé s'amoindrir ce privilège en faveur des médecins ayant leur place parmi les commensaux de la Couronne, ils y ont été, en quelque sorte, contraints et forcés. Et encore n'ont-ils jamais voulu permettre que ces médecins du palais eussent leurs noms inscrits sur le catalogue des médecins de Paris, qui était tous les ans distribué aux pharmaciens. Le duc d'Orléans lui-même se heurta contre cette sévérité et cette obéissance aux statuts, le 5 avril 1644, et tout ce qu'il put obtenir, ce fut que les noms des médecins qui lui appartenaient fussent inscrits sur le registre du Doyen, mais dans un endroit à part et en dehors de la liste des docteurs régents.

Henri de Bourbon, prince de Condé, fut encore moins heureux ; car la Faculté ne répondit que par un refus à une lettre qu'il écrivit à Michel de La Vigne, alors doyen :

Je prie M^r de La Vigne de faire résoudre à l'Ecole de médecine, suivant leur devoir, de laisser libre exercice à mes médecins par quartier, et de consulter avec eux, ainsi qu'ils font avec ceux de M^r le Duc d'Orléans, puisque j'ay, par la grâce du Roy, les mesmes privilèges.

Fait à Paris, ce 25 avril 1644.

HENRY DE BOURBON.

En agissant ainsi, la Faculté avait l'espoir de conserver purs et intacts les dogmes hippocratiques dont elle se croyait la seule dépositaire. La défense de principes contraires la mettait dans une sainte fureur ; et un jour (17 juin 1578), le doyen ayant appris que les docteurs régents voyaient des malades avec De la Rivière, « contempteur de la doctrine et de l'art hippocratiques, sectateur et fauteur d'un certain Paracelse, » s'écriait : Certes, nous considérons tout cela comme abominable, audacieux, impudent, digne du fouet. Pour moi, j'ai été profondément blessé, au nom de cette illustre Compagnie, au nom de l'antique majesté d'Hippocrate. C'est pourquoi, au nom même du divin maître, j'adjure tous les docteurs d'avoir un œil attentif sur ce mal menaçant, de conserver religieusement l'ancienne doctrine hippocratique, de ne pas déserter la vieille École, sous peine d'être réputés transfuges, et perfides à l'Ordre tout entier. Amen !

II

Tel était l'état des choses, lorsqu'en 1612 vint se fixer à Paris un médecin de l'École de Montpellier, qui devait faire énormément parler de lui, et allier un génie inventif singulier à une haine profonde pour ses confrères de la cité parisienne.

Ce personnage se nommait THÉOPHRASTE RENAUDOT.

Le jour de la justice s'est levé depuis longtemps pour Renaudot, l'ingénieux, le courageux inventeur de la *Gazette*, le fondateur du *Bureau d'adresses*, du *Mont-de-Piété* et des *Consultations charitables*. La postérité, par une éclatante et colossale démonstration, a consacré ce qu'il y avait de fécond et d'utile dans les conceptions de ce médecin, et elle a assez vengé ce dernier des outrages qu'il a subis pendant sa vie, des difficultés sans nombre qu'il a dû vaincre pas à pas, et de l'opposition haineuse qu'il a trouvée dans le sein du premier Corps médical du royaume. Rien n'a rebuté cet homme extraordinaire : procès, calomnies, plaisanteries, tracasseries de toutes sortes, condamnations.... Le *Gazettier*, comme on l'appelait, le trafiqueur, l'usurier, le charlatan, courtier d'annonces et d'amours, a tout supporté avec un courage inébranlable, soutenu, pendant vingt-cinq ans, par l'idée qu'il faisait une vaillante chose, et, en dépit de ses ennemis, l'œuvre a grandi... grandi au point de faire de la Presse périodique la maîtresse du monde.

Nous ne raconterons pas par le menu la vie de Théophrate Renaudot, qui était né à Loudun, de parents protestants, en 1586, et qui reçut le bonnet doctoral à Montpellier, en 1606 ; notre but principal est de le montrer aux prises avec la Faculté de médecine de Paris, et d'esquisser à grands traits l'historique de ses inventions.

III

Renaudot était médecin d'une Université provinciale, c'est-à-dire qu'il professait des doctrines contraires à celles de l'École de Paris. Chef du parti de l'antimoine, ami des apothicaires, favori du pouvoir, un seul de ces titres eût suffi pour le rendre à jamais odieux aux docteurs de la rue de la Bûcherie. Ce fut bien pis lorsque notre médecin, se laissant entraîner à une alliance considérée comme inouïe, se fit journaliste, prêteur sur gages, trafiquant, tenant boutique ouverte, enregistrant des valets, des terres, des maisons, des gardes-malades, et organisant, sur une vaste échelle, des consultations charitables, sous le couvert desquelles on le soupçonnait fortement de s'entendre avec les apothicaires et les vendeurs de drogues.

Il est intéressant de connaître les premières années de la vie de Renaudot. Écoutons-le; c'est lui qui parle :

« Je n'avais que dix-neuf ans lorsque je pris mes degrés en médecine. Mais, sçachant que l'âge est nécessaire pour authoriser un médecin, j'employay quelques années, dans les voyages que je fis dedans et dehors ce royaume, pour y recueillir ce que je trouverais de meilleur en la pratique de cet art, que je vins exercer dans Loudun, ma ville natale, où je rendis ma jeunesse recommandable par mon assiduité, en employant le relâche que me donnaient les malades à de fréquentes anatomies, à la connaissance des simples, et à la préparation des remèdes plus curieux, comme le tesmoignent les livres que j'en donnay lors au public...... J'exerçai avec un tel applaudissement de mes concitoyens, qu'il n'y eut rien que l'affection qu'ils me portaient qui m'empescha de les quitter et venir demeurer à Paris dès l'an 1612; auquel mes soins particuliers au secours et traitement des pauvres, par où j'ai commencé et désire finir de mesme, furent cause de l'honneur que je reçus du Roy d'estre mandé exprès de cette province éloignée, pour seconder la piété de Sa Majesté en ce bon œuvre. Vray est qu'ayant esté dès mon enfance porté à la recherche des inventions utiles au public, et m'estant rencontré du mesme sentiment duquel a depuis esté le R. Père Condran, Général des Prestres de l'Oratoire, qu'il y avait quelque méthode plus briefve que la commune pour l'instruction des enfans, j'en donnai les règles à un mien frère, qui la pratiqua en compagnie de quelques autres, avec un tel effect, que le profit qu'il en rapporta en fort peu de temps surpasse toute créance. »

Il est à croire que les beaux projets que Renaudot devait mettre à exécution à Paris, germèrent dans son esprit à l'époque où il était encore à Loudun, et que ces projets, notre médecin parvint à les communiquer à Louis XIII, puisque, comme il le dit lui-même, et comme le prouve, du reste, une pièce qu'il produit (1), ce prince, ou plutôt le cardinal de Richelieu, qui alors gouvernait réellement, non-seulement le fit venir exprès à Paris, mais encore lui fit don de six cents livres pour les frais de son voyage, et lui accorda le privilège exclusif « de

---

(1) *Response de Theophraste Renaudot.* In-4°, p. 4.

faire tenir Bureaux et Registres d'adresses de toutes les commodités réciproques de tous les sujets du Roy. » (Lettres patentes du 14 octobre 1612.) Mais voyons à l'œuvre notre médecin exotique (*exoticus*), comme se plaisait à l'appeler la Faculté.

C'est en l'année 1630 qu'il établit, rue de la Calandre, en pleine Cité, et dans une maison portant pour enseigne éloquente : *Au Grand-Coq*, son *Bureau d'adresses ou de rencontre*. Nul doute qu'il n'ait puisé cette idée dans Montaigne, et qu'il n'ait lu et médité le chapitre XXXIV du Ier livre des *Essais*, dans lequel on trouve exprimée, dans un style inimitable, une pensée qui devait avoir des résultats si prodigieux :

« Feu mon père, dit Montaigne, homme qui pour n'estre aydé que de l'expérience et du « naturel d'un jugement bien net, m'a dit autrefois qu'il avoit désiré mettre en train, qu'il y « eust ès villes, certain lieu désigné, auquel ceux qui auroient besoin de quelque chose, se « pussent rendre et faire enregistrer leurs affaires à un officier estably pour cet effet : comme « je cherche à vendre des perles ; je cherche des perles à achepter ; tel veut compagnie pour « aller à Paris ; tel s'enquiert d'un serviteur de telle qualité, tel d'un maître ; tel demande un « ouvrier, qui cecy, qui cela, chacun selon son besoin. Et semble que ce moyen de nous « entr'advertir, apporteroit une légère commodité au commerce publique. Car à tous coups « il y a des conditions qui s'entrecherchent, et pour ne s'entendre laissent les hommes en « extrême nécessité. »

Une brochure très-curieuse, une espèce de programme qu'il lança dans Paris (1), va nous montrer comment Renaudot entendait organiser son *Bureau d'adresses et de rencontre*. L'extrait suivant sera la meilleure réponse qu'on puisse faire aux calomnies dont a été abreuvé le médecin de Loudun. Ce programme est dédié à Amador de La Porte, gouverneur d'Angers, auquel Renaudot adresse les paroles suivantes, qui semblent être comme la prophétie de tout ce qui arriva au célèbre initiateur : « .... Ayant fait voir à Sa Majesté que l'une des plus grandes incommodités de ses sujets, et qui en réduisoit plusieurs à nécessité, estoit la faute d'adresses des lieux et choses nécessaires à l'entretien de leur vie... ; cette proposition a tellement esté approuvée de ceux auxquels il a pleu d'en commettre l'examen, qu'en suite de son Brevet du 14e jour d'octobre 1612, qui me donne pouvoir, exclusivement à tous autres, d'establir les Bureaux de ces adresses..... Je sais bien que cette introduction ne sera pas seule entre toutes les autres exempte de difficultés. Il s'en trouvera qui blâmeront mon courage de s'estre porté à une si haute entreprise, sans que la despence qu'il me faut continuer pour la perfection de cet œuvre m'en ayt détourné. A ceux-là je respond que me recognoissant né au bien public, auquel j'ay sacrifié le plus beau de mon aage, il seroit désormais trop tard d'espargner, comme on dit, le fonds du tonneau après avoir esté prodigue du reste. Et qui sçait si dans toute l'étendue de ce grand Estat, voire mesme dans le seul enclos de cette populeuse ville de Paris, où la dévotion est ingénieuse à produire toute sorte de bonnes œuvres, il ne se trouvera point une seule personne qui, goustant les utilités qui naistront à milliers de l'establissement de ces Bureaux, inventés au bien et soulagement des peuples, veuille éterniser sa mémoire en les dotant de quelque revenu suffisant pour lui faire continuer avec plus d'or-

---

(1) *Inventaire du Bureau de rencontre, où chacun peut donner et recevoir avis de toutes les nécessités et commodités de la vie et société humaine.* Paris, 1630 ; in-4° de 32 pages.

nement et de grandeur le soutien de ces grandes charges?... Et comme les jugements sont divers, d'autres abaisseront si fort cet emploi au dessous d'une charge, qu'ils tascheront à me rendre par là méprisable. Pauvres gens qui ne considèrent que ce n'est point tant le sujet comme la façon de le traiter, et les personnes qui s'en meslent, d'où les occupations s'appellent basses et relevées...! Le grand Cardinal ayant donné souvent ses suffrages à ce mien projet, il n'a rien désormais en soy que de grand et magnifique. Je me persuade aussi qu'un nombre de petits avortons d'esprit, à peine capables d'une seule chose, jugeant les autres par eux mesmes, blâmeront la diversité de mes emplois, voyant que mes veilles et l'habitude que j'ay prise dès mon enfance, à l'assiduité du travail, me donnent assez de temps pour exercer la médecine avec honneur... assez encore pour obliger le public en cet establissement de mes Bureaux de rencontre... Mais suis-je à blâmer si j'imite quelquefois le compas, dont l'autre pied décrivant une figure, n'empêche pas la maîtresse branche de se tenir à son point?... Joignez à cela que ce mien dessein une fois establi comme il est, n'a plus que faire de mon industrie, et me laisse content d'en avoir été le premier mobile... »

La préface n'est pas moins remarquable : Renaudot y explique le mécanisme de son Bureau d'adresses, les avantages immenses qu'en retirera la société parisienne, et surtout les pauvres, les nécessiteux, que l'abandon jette souvent dans la misère la plus profonde, le vice et le crime. Les affaires humaines ne devraient pas être soumises, comme elles le sont, aux caprices du hasard ; il faut un centre où elles puissent sciemment s'engager ; il faut que celui qui a à affermer une terre trouve de suite un fermier ; que les nombreux ouvriers qui affluent de la province à Paris, — « centre et pays commun de tout le monde, » — ne soient pas amenés à dépenser leurs modiques ressources dans la recherche, si souvent vaine, des emplois ; il faut, enfin, un *Bureau* où chacun puisse trouver la condition qui lui convient, annoncer ses inventions, ses découvertes, négocier des affaires, et ne pas perdre son temps à « vendre, engager ou user ses hardes. »

IV

Enfin, suit l'*Inventaire*, c'est-à-dire le véritable *Prospectus* du Bureau de rencontre. Il ne renferme pas moins de 63 articles ou paragraphes, divisés en trois livres. Nous en extrayons la quintescence :

— Le Bureau d'adresses, ou Table de rencontre, représente les enseignes ou adresses placardées dans les carrefours, ou ces tables qu'on met au commencement ou à la fin des livres pour qu'on puisse y trouver vite ce que l'on cherche.

— Le Bureau donne les adresses pour acheter et vendre les études des procureurs et notaires, les bibliothèques, etc.

— Il a la liste des maîtres qui cherchent des apprentis, celle des apprentis qui cherchent des patrons.

— Chaque position sociale des intéressés a son chapitre ou rôle particulier. Il y a des listes spéciales pour les aumôniers, les écuyers, les gentilshommes servants, les secrétaires, les maîtres d'hôtel, les gouverneurs, les précepteurs d'enfants, les valets de chambre, clercs ou copistes, cuisiniers, fruitiers, confituriers, sommeliers, blanchisseurs, carrossiers, postillons, palefreniers, laquais, etc.

— On trouve au Bureau l'adresse des Académies, Colléges, petites Écoles, leçons, répétitions, conférences, dissections, dispensaires, pensions, etc., etc. Les noms et demeures de toutes les personnes auxquelles on a souvent affaire : Princes, officiers de la couronne, Cours souveraines, théologiens, médecins, avocats fameux, etc. L'indication des baux à loyer, des maisons à louer, des appartements meublés, des ventes de meubles, carrosses, chevaux, navires, bateaux, moulins, etc.; les ventes ou achats de tableaux, médailles, manuscrits, livres, plantes, graines, fleurs, alambics, etc.

— Indication des endroits où l'on traite toutes sortes de maladies : eaux de Spa, de Pougues, Forges, etc.; bains, étuves, etc.

— Ce Bureau vient aussi en aide à ceux qui veulent faire savoir quelque chose à leurs parents ou amis éloignés, leurs vœux, leur mariage, une naissance, une mort, l'arrivée d'un tel à Paris, son changement de demeure, etc.

Puis, l'initiateur hardi et inspiré d'un tel mécanisme d'informations, après avoir fait remarquer que, pour éviter les suites de la corruption du siècle, non moins que le soupçon et la médisance, les femmes seront absolument exclues du Bureau d'adresses, termine ainsi :

« J'estime que le Bureau méritera quelque censure ; je sais que les nouvelles introductions
« ne se mettent guère d'abord à leur perfection. Aussi, tous sont priés de contribuer, comme
« ils le pourront, à l'amélioration de cette œuvre ; l'auteur veut imiter cet excellent peintre
« qui corrigeait son tableau sur l'avis des personnes qui s'y entendaient. »

Le *Bureau d'adresses* était si bien sous le patronage du roi que, lorsqu'on l'établit, tous les Parisiens purent lire cette affiche placardée dans les carrefours :

« De par le Roy,

« On fait assavoir à toutes personnes qui voudront vendre, acheter, loüer, permuter, prester, emprunter, apprendre ou enseigner. Aux Maistres qui veulent prendre des serviteurs et à ceux qui cherchent condition pour servir en quelque qualité que ce soit. A ceux qui auront les lieux, commoditez et industrie propres pour estre employez à quelques unes des choses mentionnées en ce présent livre, ou qui auront d'autres avis à donner ou recevoir pour toutes sortes d'affaires, négoces et commoditez quelsquonques. Qu'ils y seront reçeus indifféremment, sans qu'on y préfère ou favorize aucun autre, que celuy qui fera la condition du public meilleure. Et qu'ils se pourront addresser au Bureau, estably à cet effet par Sa Majesté pour la commodité publique, qui est ouvert depuis huict heures du matin jusques à midy, et depuis deux jusques à six de relevée, ausquelles heures chacun sera reçeu à y venir, ou envoyer donner et rencontrer l'addresse qu'il desirera.

« Ledict Bureau d'addresses se tient près le Palais, rûe de la Calandre et au Marché-Neuf, à l'enseigne du Coq. »

V

De l'établissement du *Bureau d'adresses* à la publication régulière et périodique d'une feuille dans laquelle les nouvelles les plus importantes seraient répandues dans le public, il n'y avait qu'un pas ; Renaudot le franchit bientôt par l'invention de sa *Gazette*.

C'est là son plus beau titre de gloire.

Le premier numéro du premier de nos journaux parut, sous ce titre de *Gazette*, le 30 mai 1631.

Richelieu prit un intérêt tout particulier à cette publication, qu'il regardait comme un puissant moyen de gouvernement; il y envoyait même des articles entiers, et y faisait insérer ce qu'il avait intérêt à faire connaître à l'Europe. Il est difficile de croire, comme on l'a dit, que Louis XIII « quittât sournoisement le Louvre pour se rendre à bas bruit dans la rue de la Calandre, dans cette Boutique gazettière qu'annonçait si bien l'oiseau criard, le grand coq de son enseigne. » Cependant, Renaudot écrit ceci :

« Chacun sçait que le Roy defunct ne lisoit pas seulement mes Gazettes, et n'y souffrait pas « le moindre defaut, mais qu'il m'envoyait presque ordinairement des mémoires pour y em-« ployer (1). »

Il assure le même fait dans les préfaces dont il fait précéder sa *Gazette*, et où il indique l'esprit de la feuille et comment il appréciait la portée et les avantages de son invention :

« Sire, dit-il au roi en lui présentant le recueil de la première année, c'est bien une remarque digne de l'histoire, que, dessous soixante-trois rois, la France, si curieuse de nouveautés, ne se soit point avisée de publier la gazette ou recueil, pour chaque semaine, des nouvelles tant domestiques qu'étrangères... Mais la mémoire des hommes est trop labile pour lui fier toutes les merveilles dont Votre Majesté va remplir le Septentrion et tout le Continent. Il la faut désormais soulager par des écrits qui volent, comme en un instant, du Nord au Midi, voire par tous les coins de la terre. C'est ce que je fais maintenant, Sire, d'autant plus hardiment que la bouche de Votre Majesté ne dédaigne pas la lecture de ces feuilles... »

VI

Mais Renaudot comprit tout de suite que, pour le faire réussir, il devait abriter son Bureau d'adresses sous l'aile du génie de la Charité :

« Le fondement et première institution du Bureau d'adresses, écrit-il, a été le soulagement des pauvres, tant malades que valides, et mendians. »

Les *consultations charitables* ont été, en effet, l'axe autour duquel ont pivoté le Bureau de rencontre, les prêts sur gages, et le reste. C'est en leur nom que, dès le 3 février 1618, Renaudot avait été nommé par le roi commissaire général des pauvres du royaume. C'est encore en leur nom que des lettres patentes (2 septembre 1640) accordent « à tous ceux qui auraient quelque invention ou moyen servant au bien et soulagement des pauvres, mesmement quelque remède tiré des végétaux, animaux et minéraux, » de les pouvoir préparer sur les fourneaux mêmes du Gazettier. La boutique de la rue de la Calandre devint un centre où affluèrent les médecins provinciaux pour faire parler d'eux, les apothicaires pour vendre leurs drogues, et les chirurgiens pour exécuter les opérations manuelles. Le succès de ces consultations fut, paraît-il, prodigieux, et le Gazettier déclare, non sans orgueil, « qu'il accourt tant de malades à son logis, que toutes les avenues en sont occupées, et que plus de vingt mille personnes ont reçu soulagement. » La boutique de la rue de la Calandre devint même trop petite, et Renaudot avait caressé, dès l'année 1640, le projet de faire bâtir sur un point du rempart qu'on aurait

---

(1) *Requête présentée à la Rayne*; in-4°, p. 5.

abattu, et qui se trouvait entre la porte Saint-Antoine et les religieuses du Calvaire, un vaste hôtel orné d'un jardin médicinal. Louis XIII lui aurait même fait don de cette portion du rempart, laquelle ne coûtait pas moins de 200,000 écus (1).

« On peut se figurer maintenant, écrit notre éloquent confrère, M. Maurice Raynaud, ce qu'était, au milieu du vieux Paris, cette maison du *Grand-Coq* de la rue de la Calandre, toujours pleine d'allants et de venants : malades attendant une consultation, étudiants, apothicaires, crieurs publics, gens de toute sorte venant porter ou demander des renseignements; pauvres honteux, fripiers ou marchands ambulants; dans les cours et dans les salles, un pêle-mêle d'objets bizarres et disparates, des fioles, des fourneaux et des alambics; tout l'attirail d'une grande imprimerie, des monceaux d'objets de literie ou de ménage, étiquetés et classés par un peuple d'employés. Et, au milieu de tout cela, un seul homme veillait à tout, répondait à tout, distribuant à chacun sa besogne, enseignant, distillant, vendant ou achetant, lisant les nouvelles politiques, rédigeant tour à tour une consultation, un article de journal ou un bordereau, et trouvant encore le temps de visiter des malades au dehors, de remplir ses devoirs de courtisan et d'homme du monde. »

VII

La Faculté de médecine de Paris, est-il besoin de le dire, déchaîna toutes ses colères contre Renaudot, et la lutte qu'elle entreprit contre lui fut digne de l'athlète auquel elle s'adressait. Tout dans cet homme devait singulièrement horripiler les docteurs de la rue de la Bûcherie. Songez donc... Renaudot ne pouvait, — et à grand'peine, disait-on, — exhiber qu'un diplôme de docteur de Montpellier; il se posait comme le grand apôtre de l'antimoine, de la secte chimique; il hantait les apothicaires qu'il appelait ses amis; les chirurgiens ne quittaient pas son laboratoire; au lieu de la médecine si simple pratiquée alors par l'École de Paris, ses ordonnances à lui, et à ceux qui l'aidaient dans ses consultations charitables, étaient remplies de juleps, d'apozèmes, d'opiats, de potions cordiales, de tout le formidable répertoire des Arabes. Enfin, Renaudot était ouvertement protégé par Richelieu, qui ne voyait dans l'Université qu'une puissance redoutable dans l'État, et qui n'eût pas été fâché, sinon d'abattre la Faculté de médecine de Paris, du moins de la ruiner sourdement en élevant en face d'elle une Compagnie rivale qui, entourée du prestige de la faveur royale, eût tôt ou tard fini par détrôner une vieille institution, déjà en retard par bien des côtés sur les besoins nouveaux du siècle.

La Faculté ouvrit le feu contre le gazettier en lui faisant signifier (22 octobre 1640) un arrêt de 1598, qui défendait à tout médecin qui ne serait pas approuvé par l'Ecole de Paris, d'exercer dans cette ville, et en décrétant (17 mai 1641), qu'il était temps d'agir « contre le calomniateur. » Elle agit, en effet, avec une ardeur, une passion dignes du colosse qu'elle voulait abattre. Quoique son doyen d'alors, Guillaume Du Val, mît à la défendre tout son caractère haineux, tracassier, joint à de grands talents, la Compagnie ne se crut pas encore assez en sûreté sous le commandement de son chef, et elle voulut que neuf membres choisis dans son sein vinssent à la rescousse. Ai-je besoin de dire que Guy Patin fut l'un de ces con-

---

(1) Ce fait est consigné dans les Registres-Commentaires de notre Faculté de médecine, t. XIII, fol. 172, R°.

seillers, capitaine armé de pied en cap, menant à la bataille ses collègues Simon Letellier, René Chartier, Gabriel Harduin de Saint-Jacques, Jean Merlet, Claude Gervais, Jean de Bourges, Jacques Cornuty, Hugues Chasles, connus pour leur courage et leur vaillance !

La Faculté chercha aussi des protecteurs en dehors d'elle : De Noyers, personnage important et qui siégeait parmi les conseillers de la couronne; Bouvard, premier médecin du roi, eurent tour à tour sa visite. Les docteurs de la rue de la Bûcherie n'hésitèrent même pas à dépenser la grosse somme de vingt livres pour louer au cabrioleur Jacques Sauvage, quatre carrosses qui les transportèrent à Saint-Germain-en-Laye, où résidait alors la cour.

Peines inutiles; Richelieu était là qui tenait le gazettier sous sa protection, et qui n'était pas d'humeur à servir les rancunes de l'Université.

VIII

Mais le cardinal mourut au moment où l'on s'y attendait le moins; il succomba le 4 décembre 1642, aux suites d'un phlegmon au bras droit, et probablement à l'infection purulente. Le doyen, dans son registre, prend toutes les peines du monde à cacher sa joie secrète d'un événement qui délivrait l'Ecole de son plus puissant ennemi : « Nous sommes arrivés, écrit-il, à un état de choses que la mort de l'éminentissime cardinal a rendu moins tendu, plus libre (*liberior et minus coactus*); nous pourrons continuer avec plus de chances de succès nos poursuites contre le calomniateur. » Hélas ! ce fut la Faculté qui mérita réellement d'être clouée au pilori du calomniateur; car elle ne craignit pas de signaler Renaudot à l'animadversion publique, en l'accusant de s'être fait l'instrument du cardinal en insérant dans son journal des actes odieux et compromettants pour la reine-mère (1). Le gazettier eut beau répondre qu'en cela sa plume n'avait été que *greffière*, et qu'il ne devait point porter la responsabilité de faits qu'il n'avait fait qu'enregistrer, de telles raisons n'étaient pas capables de désarmer des haines depuis longtemps accumulées, et pour la satisfaction desquelles tous les moyens étaient bons. Aussi, lorsque la Faculté, résolue à profiter de circonstances si favorables pour frapper un grand coup, cita le médecin de Loudun au Châtelet pour exercice illégal de la médecine, ce dernier fut-il condamné (9 décembre 1643). « Défenses lui furent faites, et à ses adhérents et adjoints, non médecins de la Faculté de Paris, d'exercer ci-après la médecine, ni faire aucune conférence, ni consultation, ni assemblée dans le bureau d'adresses, ou autres lieux de cette ville et faubourgs de Paris, à peine de cinq cents livres d'amende. » L'Université s'était jointe à la Faculté dans ce procès intenté à Renaudot.

Le gazettier en appela au Parlement, lequel, par un arrêt du 1er mars 1644, le condamna sur tous les points, avec dépens, ordonna la cessation des consultations charitables, la fermeture du Mont-de-Piété, la saisie des hardes qui y seraient trouvées, pour être restituées à leurs propriétaires. La gazette seule et le bureau d'adresses furent respectés, sous les conditions que Renaudot présenterait les lettres patentes y relatives.

---

(1) Voir : « Requête à la Royne, par Théoph. Renaudot, en faveur des pauvres malades de son royaume », in-4°. — « Examen de la Requête présentée à la Royne par le gazettier » (par René Moreau, médecin de la Faculté de Paris), in-4°. — « Response à l'examen de la Requette présentée à la Royne », par Théoph. Renaudot; in-4°.

Pour avoir une idée des injures les plus violentes, qui tombèrent dru comme grêle sur le colosse abattu, il faut lire une pièce qui fut imprimée alors, et dont le faux titre est intitulé :

Sur le nez pourry de Theofraste Renaudot, alchymiste, charlatan, empirique, usurier comme un Juif, perfide comme un Turc, meschant comme un renégat, grand fourbe, grand usurier, grand gazettier de France.

RONDEAU.

Un pied de nez serviroit davantage
A ce fripier, docteur de bas étage,
Pour fleurer tout, du matin jusqu'au soir ;
Et toutefois on diroit à le voir,
Que c'est un Dieu de la chinoise plage,.
Mais qu'ay-je dit? C'est plutost un fromage,
Où sans respect la mite a fait ravage ;
Pour le sentir il ne faut pas avoir
   Un pied de nez.

Le fin camus, touché de ce langage,
Met aussitost un remède en usage,
Où d'Esculape il ressent le pouvoir :
Car s'y frottant, il s'est vu recevoir
En plein Senat, tout le long du visage,
   Un pied de nez.

Rappelons que Renaudot était camus, et que son visage était fortement marqué de la petite vérole.

IX

Et jusqu'aux fils du malheureux gazettier, lesquels furent victimes des fureurs insensées de la Faculté! Renaudot, instruit par sa propre expérience, voulut leur éviter les difficultés qu'il avait rencontrées lui-même, en leur faisant prendre leurs grades dans l'École de Paris. Isaac et Eusèbe Renaudot furent bien inscrits sur les registres comme candidats ; mais lorsqu'ils adressèrent leur *supplique* pour obtenir le grade du baccalauréat, on exigea d'eux qu'ils déclarassent devant notaires qu'ils resteraient désormais étrangers au Bureau d'adresses, et qu'ils se consacreraient exclusivement à l'exercice de la médecine.

« Par devant les notaires gardenottes du Roy, notre sire, au Chastelet de Paris, furent présens Mes Isaac et Eusèbe Renaudot, frères, maistres ès arts en l'Université de Paris, estudians en médecine, demeurans rue de la Calandre, au Grand Coq, paroisse Saint-Germain le Vieil. Lesquels ont promis à Messieurs de la Faculté de médecine de cette ville de Paris, qui l'ont ainsi requis d'eux : Qu'au cas qu'ils ayent l'honneur d'estre reçeus en la qualité de bacheliers de ladite Faculté, et autres degrés d'icelle, comme ils l'espèrent et les en supplient, ils n'exerceront point aucunes des fonctions du bureau d'adresses, ains s'adonneront entièrement à l'exercice de la médecine. A quoy ils se sont obligés sous l'hypothèque de tous et chascuns leurs biens. Ce fut fait et passé après midy, en l'estude de Parque, l'un des notaires soussignés, le xxie jour de Mars mil trente huict. Et ont signé la présente, Renaudot, Eusèbe Renaudot, de Troyes, Parque. »

Cette espèce d'ostracisme les poursuivit encore au moment où, après avoir fait de sérieuses études, ils allaient entrer en licence. Richelieu dut intervenir lui-même ; il manda au Palais-

Cardinal (avril 1641) Guillaume Du Val, alors doyen, et voulut savoir de sa bouche même, les causes du renvoi des deux jeunes gens : « Je crois, s'écria le premier ministre, que vous avez agi ainsi en haine du père. Il n'est pas juste pourtant que les fils soient victimes des fautes de leurs parents. Vous devez donc les admettre dans votre École. D'ailleurs, mon médecin Citois, ici présent, sera chargé de réunir neuf docteurs, au moins, de la Faculté, et de s'entendre avec Renaudot père, pour tâcher d'arriver à une conciliation. » Nous n'aurons garde d'oublier la réponse que fit le doyen à ces justes observations ; elles dépeignent admirablement bien l'esprit qui régnait alors rue de la Bûcherie, et la haine implacable qu'on y nourrissait contre le gazettier :

« La Faculté a interdit à Isaac et à Eusèbe Renaudot l'entrée des Écoles, et les a exclus de
« l'acte de vespérie et du doctorat, non pas pour leurs fautes, mais à cause de leur père, qui
« est un calomniateur. Nous avons voulu le punir dans ses enfants. Cependant, nous obéirons
« aux ordres de Votre Éminence, et nous convoquerons le Conseil que vous demandez. »

Il est certain que ce projet de conciliation avorta, puisqu'il fallut un arrêt du Parlement qui tranchât la question. Cet arrêt (6 septembre 1642) ordonne que, dans la quinzaine, le bonnet de docteur sera donné aux demandeurs en la manière accoutumée ; qu'en cas de résistance de la Faculté, ledit arrêt servira de diplôme aux deux jeunes gens. Et, chose incroyable, cet arrêt ne fut point exécuté. Richelieu mourut deux mois après ; les fils de Renaudot perdirent en lui le plus ferme soutien qu'ils eussent pu espérer. Débarrassée du cardinal, la Faculté continua à poursuivre avec acharnement sa misérable lutte ; par son décret du 30 décembre 1642, elle déclara que Renaudot n'aurait la joie de voir ses deux fils coiffés du bonnet doctoral que lorsqu'il aurait donné à la Compagnie et à l'Université une juste réparation de ses fautes et de ses calomnies.

Isaac et Eusèbe ne furent doctorifiés que le 6 février 1647, après avoir, toutefois, — obligation infâme, — désavoué devant notaires tout ce qui avait été fait par leur père, « tant en libelles que procédures quelconques. »

Malgré leur savoir, leurs preuves, leurs aptitudes, ils avaient mis neuf années à conquérir un grade qu'on obtenait habituellement en vingt-cinq ou vingt-six mois !...

X

Théophraste Renaudot mourut à Paris, aux galeries du Louvre, qu'il occupait comme historiographe de France, le samedi 25 octobre 1653, et fut enterré, le lendemain, dans l'église de Saint-Germain-l'Auxerrois, là où devait le rejoindre, dix-neuf ans après, Guy Patin, son plus implacable ennemi. Il était entré dans sa 70e année. Trente prêtres officièrent, et une assistance nombreuse témoigna de son respect pour la mémoire de l'illustre créateur de tant de choses utiles.

Le gazettier avait été marié trois fois :
    1° A Jeanne Baudot ;
    2° A Marthe de Moustier ;
    3° Le 20 octobre 1651, à Louise de Macon (1).

(1) « *Paroisse Saint-Louis-en-l'Isle.* — Le vingtiesme octobre mil six cens cinquante un, après la publication de deux bans et permission du dernier, avec dispance, par Monsieur

Cette dernière union, engagée par un vieillard presque septuagénaire, aurait lieu de nous étonner, si l'on n'y devinait des chagrins de famille qui l'ont poussé à cette extrémité. Nous avons, en effet, les preuves en main que son fils aîné, Isaac, médecin de la Faculté de Paris, s'engagea dans les liens de l'hymen, contre les volontés de son père, avec Marguerite Brosseau, veuve de Claude Mistault. Il alla, dans cette union clandestine, jusqu'à cacher au curé de l'église de Saint-Sulpice sa qualité de docteur en médecine, jusque même à user d'un mensonge abominable en faisant croire à la mort de son père. Le mariage fut, cependant, légalement et ouvertement consacré en l'église de Saint-Louis-en-l'Ile, le 28 mai 1644, grâce à l'autorisation paternelle.

Loret, dans sa *Muse historique* (déc. 1651, p. 179), plaisante la dernière union du vieux gazettier :

> Je ne devois pas oublier,
> Mais, de l'autre mois, publier,
> (Car c'est assez plaisante chose)
> Que le sieur Gazettier en proze,
> Autrement, Monsieur Renaudot,
> En donnant un fort ample dot,
> Pour dissiper mélancolie,
> A pris une femme jolie,
> Qui n'est encor qu'en son printemps,
> Quoiqu'il ait plus de septante ans !
> Pour avoir si jeune compagne,
> Il faut qu'il ait mis en campagne
> Multitude de ces Loüis
> Par qui les yeux sont éblouis :
> Car cette épouze estant pourveüe
> D'attraits à donner dans la vüe
> Des plus beaux et des mieux peignez,
> Ne l'a pas pris pour son beau nez.

Quant à Eusèbe Renaudot, le second fils, celui-là fit un brillant chemin ; il jouit d'une magnifique clientèle, devint premier médecin du dauphin, et mourut à Saint-Germain-en-Laye le 19 novembre 1679, après avoir eu de sa femme, Marie d'Aiqs, quatorze enfants, dont l'aîné, Eusèbe Renaudot, devint un savant théologien, entra à l'Académie française, et a laissé de nombreux ouvrages estimés.

La *Gazette* annonce en ces termes la mort de son fondateur :

« Le 25 du mois passé (octobre 1653) mourut, au quinzième mois de sa maladie, en sa 70ᵉ année, Théophraste Renaudot, conseiller médecin du Roy, historiographe de Sa Majesté, d'autant plus recommandable à la postérité, que comme elle apprendra de lui les noms des grands hommes qu'il a employés en cette Histoire journalière, on n'y doit pas taire le sien. D'ailleurs assez célèbre par son grand savoir et sa capacité, qu'il a fait paraître durant cinquante ans en l'exercice de la médecine, et par les autres belles productions de son esprit, si

l'Official de Paris, je soussigné, curé de la paroisse Saint-Louis-en-l'Isle, après avoir eu d'eux leur mutuel consentement, ay conjoint au sacré lien du mariage, le sieur Théophraste Renaudot, historiographe de France, et damoiselle Louise de Mascon. En présence du sieur Hiérosme Bourgeois, sacristain en ladite église, et du sieur Hercules Bosy, habitué.

« RENAUDOT, Louise DE MASCON, H. BOURGEOIS, Hercules BOSY. »

innocentes que les ayant toutes destinées à l'utilité publique, il s'est toujours contenté d'en recueillir la gloire. »

XI

Ainsi, protégée par un ministre dont le génie avançait sur son siècle, combattue par une Compagnie savante enchaînée aux errements du passé, l'œuvre de Théophaste Renaudot porte ces noms :

Prêts sur gages; consultations charitables; gazette; bureaux d'adresses et de rencontre.

Les *prêts sur gages*, institués définitivement à Paris, sous le nom de *Monts-de-piété*, par lettres patentes de Louis XVI, du 9 décembre 1777, ont pris l'extension et l'importance que l'on connaît.

Les *consultations charitables* furent adoptées par l'École même qui avait voulu en saper l'institution, les tourner en ridicule, et les traîner au Parlement. Sentant bien, en effet, qu'elle ne pouvait, en fait de charité, rester en arrière du gazettier, la Faculté portait ce décret : « Considérant qu'il est du devoir de la médecine de favoriser d'une manière toute spéciale les malades pauvres, les médecins de Paris arrêtent que, deux fois par semaine, le mercredi et le samedi, à dix heures du matin, se réuniront dans les Écoles supérieures six médecins pris moitié par moitié, dans les deux ordres. Ils rempliront avec zèle l'œuvre de charité ; ils examineront les maladies des consultants, et leur prescriront des remèdes convenables et appropriés... Et pour que cette œuvre ne soit ni vaine ni stérile, non-seulement les docteurs donneront aux malades le traitement par écrit, mais, de plus, ils leur feront obtenir gratuitement, aux frais de la Faculté, les médicaments prescrits.... S'il est des malades qui demeurent autre part qu'à Paris, et qui, tenus au lit par la maladie, ne pourront supporter le transport, un des docteurs se rendra auprès d'eux pour leur donner les secours de son art... »

C'était copier un peu tard l'ennemi commun.

Les *Bureaux d'adresses et de rencontre*... Cinquante ans après la mort de leur fondateur, un chirurgien interlope, un charlatan, mais un charlatan de génie, — il se nommait Nicolas de Blégny (1), — reprenait l'idée, mais il lui donnait une forme beaucoup plus pratique. Il fallait, sous le gazettier, que les personnes intéressées allassent chercher elles-mêmes, à la maison du Grand-Coq, les renseignements dont elles avaient besoin. De Blégny, lui, chargea la presse de ce soin, et mit au jour (1691) son *Livre commode*, véritable petit Bottin, donnant les adresses des commerçants de Paris, des médecins, des artistes, etc., guidant l'étranger dans tout ce qu'il y avait de curieux à voir dans la grande ville, indiquant les hôtels garnis, les théâtres, les musées, les collections particulières, les hôpitaux, les endroits où l'on dîne, ceux où l'on s'amuse, ceux où l'on peut s'instruire, etc., etc. De Blégny a encore droit à notre souvenir, car ce fut lui qui créa le *journalisme médical* en France.

Je ne parle pas de la *Gazette*, qu'un grand homme d'État a fait servir presque exclusivement à ses desseins, mais qui, peu à peu, est devenue le plus grand levier de l'idée démocratique.

(1) Voir : *Essai* sur les origines du journalisme médical. UNION MÉDICALE, 1867, n°s 50, 52, 53, 55, 72 ; et brochure.

Paris. — Typographie FÉLIX MALTESTE et Ce, rue des Deux-Portes-Saint-Sauveur, 22.

PARIS. — TYPOGRAPHIE FÉLIX MALTESTE ET Cie
Rue des Deux-Portes-Saint Sauveur, 22.

www.ingramcontent.com/pod-product-compliance
Lightning Source LLC
Chambersburg PA
CBHW071437060426
42450CB00009BA/2220